SOCIÉTÉ POUR LA DÉFENSE DU COMMERCE ET DE L'INDUSTRIE
DE MARSEILLE
FONDÉE EN 1869

Projet de remplacement de la Taxe

SUR LE

Chiffre d'Affaires appliquée aux Corps Gras

PAR

une Taxe unique

Etude du Taux correspondant au rendement actuel de la Taxe sur le Chiffre d'Affaires

MARSEILLE
SOCIÉTÉ ANONYME DU SÉMAPHORE DE MARSEILLE
(ANCIENNE MAISON BARLATIER)
17-19, Rue Venture

1930

558 *quinque*

SOCIÉTÉ
POUR
LA DÉFENSE DU COMMERCE
ET DE L'INDUSTRIE
DE MARSEILLE
Fondée en 1869

29, LA CANEBIÈRE, 29

TÉLÉPHONE : COLBERT 1-25

PROJET DE REMPLACEMENT DE LA TAXE
SUR LE
Chiffre d'Affaires appliquée aux Corps Gras
PAR
UNE TAXE UNIQUE

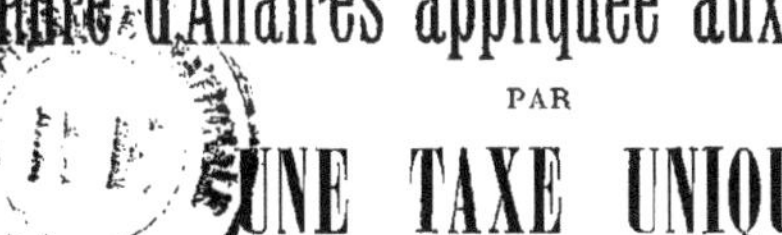

Etude du Taux correspondant au rendement actuel de la Taxe sur le Chiffre d'Affaires

CORPS GRAS

Importations (Commerce spécial) (1)	496.277 tonnes d'huile
Exportations (Commerce spécial) (2)	97.070 »
Consommation française (3)	399.207 tonnes d'huile

Les chiffres ci-dessus sont détaillés par une annexe placée à la fin du fascicule.

Répartition de ces 399.207 tonnes
entre les industries dont les ventes donneront lieu à la perception
de la Taxe unique à la sortie de leur usine

Huilerie et graisses végétales	200.567 tonnes
Savonnerie : Importation directe	49.912 »
» Provenant de l'Huilerie	110.000 »
Oléine : Importation directe	11.477 »
Stéarinerie : Importation directe	1.000 »
Bougies : Importation directe	575 »
» Provenant de la Stéarinerie	2.100 »
Margarinerie : Importation directe	14.076 »
» Provenant de l'Huilerie	8.000 »
Graines oléagineuses, consommées sous forme de graines : Importation directe (équivalence en huile)	1.500 »
	399.207 tonnes

(1) Importations de graines oléagineuses ramenées à leur teneur en huile : d'huiles, de graisses et autres corps gras, à l'exception des graines de lin et pavot, des huiles de lin, de pavot et de bois de Chine, des saindoux, des huiles de saindoux et des graisses de suint.

(2) Même note pour les exportations.

(3) Consommation française doit comprendre les quantités importées et produites en France qui sont effectivement consommées, c'est ce chiffre seul qui doit servir de base au calcul, les autres éléments devant servir à titre de vérification.

1° HUILERIE

Fabrication	397.287 tonnes
Exportation	78.720 »
Ventes en France..................	318.567 tonnes

Valeur moyenne, base départ usine : 5.000 francs la tonne.

RENDEMENT ACTUEL :

I. — *Quantités vendues directement par le producteur :*

a) aux industries transformatrices soumises à la taxe unique .... 118.000 tonnes

b) aux industries transformatrices non soumises à la taxe unique .... 30.000 »

Total..................... 148.000 tonnes

à 5.000 francs la tonne, total des ventes...............Fr. 740.000.000 »

Taxe sur le chiffre d'affaires.....................Fr. 5.310.000 »

Ce résultat s'obtient comme suit :

	Industries transformatrices	Tonnage	Valeur	Part proportionnelle de la taxe du chiffre d'affaires (1)	Rendement de la taxe du chiffre d'affaires
	—	—	—	—	—
a	Savonnerie	110.000	550.000.000	0,40 %	2.200.000
	Margarinerie ...	8.000	40.000.000	0,275 %	110.000
					2.310.000

Ces 2.310.000 francs de taxe du chiffre d'affaires seront repris respectivement aux industries concernées. On les retrouve de plus aux lignes 9 et 28 du tableau récapitulatif.

b) Diverses	30.000	150.000.000	2 %	3.000.000

(Voir ligne 1 du tableau récapitulatif)

II. — *Quantités vendues par le producteur ou l'importateur au commerce :*

Quantités vendues .... 170.567 tonnes,

dont un tiers est facturé au prix nu usine départ, soit 58.856 tonnes à Fr. 5.000 .... Fr. 284.280.000

A reporter..........Fr. 284.280.000

(1) Les taux d'application ont été portés à 0,40 % et 0,275 % en raison du degré d'intégration des Industries Huilerie, Savonnerie, Margarinerie, qui en ce cas échappent à la taxe.

Report............ Fr. 284.280.000

et deux tiers facturés pour livraison des dépôts des fabricants en France, c'est-à-dire transport et frais compris, soit 113.711 tonnes à Fr. 5.400........................ Fr. 614.039.400

Total des ventes.................. Fr. 898.319.400

Taxe du chiffre d'affaires à 0,55 % : Fr. 4.940.750.

III. — *Quantités vendues par le Commerce à la Consommation* :

Quantité totale 170.567 tonnes, dont :

a) 40 % vendus directement du Commerce à la Consommation (Sociétés à Succursales multiples, grosses épiceries de détail, Bazars, etc...), soit.. 68.227 tonnes au prix de vente de 6.200 fr. la tonne.

Total des ventes .... Fr. 423.007.400

Taxe sur le chiffre d'affaires à 0,55 %. Fr. 2.326.541

b) 15 % vendus du Commerce de gros au Commerce de détail, soit...... 25.585 tonnes

Prix de vente :

Prix d'achat	5.000
Transport	150
Taxe	100
Bénéfice et frais généraux.	200
	5.450 la tonne

Total de ces ventes................ Fr. 139.438.250

Taxe sur le chiffre d'affaires à 0,55 %................ Fr. 766.910

Ces 25.585 tonnes sont revendues par le Commerce de détail à la consommation :

Prix de vente :

Prix d'achat	5.450
Bénéfice et frais généraux.	750
	6.200 la tonne

Total de ces ventes................ Fr. 158.627.000

Taxe sur le chiffre d'affaires à 0,55 %................. Fr. 872.448

c) 45 % vendus du Fabricant au Commerce de détail par l'entremise de commissionnaires, soit .... 76.755 tonnes

A reporter............. Fr. 3.965.899

Report................	Fr.	3.965.899
Commission 250 fr. par tonne, soit Fr..... 19.188.750		
Taxe sur le chiffre d'affaires à 2 %....................	Fr.	383.775
Ces 76.755 tonnes sont revendues par le Commerce de détail à la Consommation, prix de vente, 6.200 francs la tonne.		
Total de ces ventes................ Fr. 475.881.000		
Taxe sur le chiffre d'affaires à 0,55 %................	Fr.	2.617.345
TOTAL du chiffre d'affaires du Paragraphe III........	Fr.	6.967.019

RENDEMENT ÉVENTUEL

La taxe unique est perçue lors des ventes effectuées par le fabricant, soit aux industries utilisatrices non soumises à la taxe unique, soit au commerce, soit directement à la consommation, le tout faisant au total un tonnage de 200.567 tonnes.

Sur ce tonnage, un tiers de la partie commerce est facturé au prix nu usine départ, et les deux autres tiers sont facturés pour livraison des dépôts du fabricant en France, c'est-à-dire transport compris.

La taxe unique sera donc perçue sur les ventes ci-après :

30.000 tonnes à Fr. 5.000..........................	Fr.	150.000.000
56.858 tonnes à Fr. 5.000..........................	»	284.280.000
113.711 tonnes à Fr. 5.400..........................	»	614.039.400
200.567 tonnes, montant total des ventes.............	Fr.	1.048.319.400

Pour récupérer la taxe du chiffre d'affaires ci-après :

I (paragraphe *b*).................................	Fr.	3.000.000
II	»	4.940.750
III	»	6.967.000
	Fr.	14.907.750

il faut prévoir un taux de :

$$\frac{14.907.750 \times 100}{1.048.319.400} = 1,42\ \%$$

2° SAVONNERIE

Importation (Commerce spécial)......................	3.870 tonnes
Exportation (Commerce spécial)......................	66.529 »
Consommation française (1)..........................	250.000 »

Valeur moyenne, base départ usine : 3.600 fr. la tonne.

(1) Consommation française doit comprendre les quantités importées et produites en France qui sont effectivement consommées, c'est ce chiffre seul qui doit servir de base au calcul, les autres éléments devant servir à titre de vérification.

RENDEMENT ACTUEL

I. — *Quantités vendues directement par l'Importateur et le Producteur :*

a)	aux industries utilisatrices	10.000 tonnes
b)	aux consommateurs	1.000 »
	Total	11.000 »

d'un prix moyen de : 3.600 fr. la tonne.

Total des ventes	Fr. 39.600.000
Taxe du Chiffre d'affaires (2 %) =	792.000

II. — *Quantités vendues par le Producteur ou l'Importateur au Commerce :*

Quantités vendues .... 239.000 tonnes

dont une partie est facturée au prix nu usine départ, soit 72.333 tonnes à Fr. 3.600 .... Fr. 260.398.800

et l'autre partie facturée pour livraison des dépôts des fabricants en France, c'est-à-dire transport compris, soit 166.667 tonnes à Fr. 3.800 .... » 633.334.600

Total des ventes............ Fr. 893.733.400

Taxe du chiffre d'affaires à 2 % : Fr. 17.874.700.

III. — *Quantités vendues par le Commerce à la Consommation :*

Quantité totale : 239.000 tonnes, dont :

a) 40 % vendus directement du Commerce à la Consommation (Sociétés à succursales multiples, grosses épiceries de détail, bazars, etc...), soit : 95.600 tonnes, au prix de vente de :

Prix d'achat (taxe comprise)..F.	3.600
Transport	200
Bénéfice et frais généraux	1.000
Soit la tonne......F.	4.800

Total des ventes (95.600 × 4.800) = 458.880.000

Taxe sur le chiffre d'affaires à 2 % .... Fr. 9.177.600

b) 15 % vendus du Commerce de gros au Commerce de détail, soit .... 35.850 tonnes

Prix de vente :

Prix d'achat .... F.	3.600
Transport	200
Bénéfice et frais généraux..	200
Soit la tonne...... F.	4.000

Total de ces ventes (35.850 × 4.000) = 143.400.000

Taxe sur le chiffre d'affaires à 2 % .... Fr. 2.868.000

A reporter............ Fr. 12.045.600

Report................ Fr. 12.045.600

Ces 35.850 tonnes sont revendues par le Commerce de détail à la Consommation :

Prix de vente

Prix d'achat ....F. 4.000

Bénéfice et frais généraux...... 800

Soit la tonne......F. 4.800

Total de ces ventes (35.850 × 4.800) = 172.080.000

Taxe sur le chiffre d'affaires à 2 %.................. Fr. 3.441.600

c) 45 % vendus du Fabricant au Commerce de détail par l'entremise des commissionnaires, soit : 107.550 tonnes.

Commission de 250 fr. par tonne, soit : Fr. 26.887.500

Taxe sur le chiffre d'affaires à 2 %.................. Fr. 537.750

Ces 107.550 tonnes sont revendues par le Commerce de détail à la Consommation :

Prix de vente : 4.800 fr. la tonne.

Total de ces ventes .... F. 516.240.000

Taxe sur le chiffre d'affaires à 2 %................ Fr. 10.324.800

TOTAL du chiffre d'affaires du Paragraphe III.. Fr. 26.349.750

RENDEMENT ÉVENTUEL

La taxe unique est perçue lors des ventes effectuées par le fabricant, soit aux industries utilisatrices non soumises à la taxe unique, soit au commerce, soit directement à la consommation, le tout faisant au total un tonnage de 250.000 tonnes.

Sur ce tonnage, un tiers est facturé au prix nu usine départ, et deux tiers sont facturés pour livraison des dépôts du fabricant en France, c'est-à dire transport compris.

La taxe unique sera donc perçue sur les ventes ci-après :

83.333 tonnes à Fr.	3.600	Fr.	299.998.800
166.667 » à Fr.	3.800	Fr.	633.334.600
250.000 tonnes, montant total des ventes			933.333.400

Pour récupérer la taxe du chiffre d'affaires ci-après :

1 Paragraphe a) première ligne de l'Huilerie	Fr.	2.200.000
I de la Savonnerie	»	792.000
II »	»	17.874.700
III »	»	26.349.750
	Fr.	47.216.450

il faut prévoir un taux de :

$$\frac{47.216.450 \times 100}{933.333.400} = 5{,}06\ \%$$

3° OLEINE

Importation (Commerce spécial)	8.375 tonnes
Exportation (Commerce spécial)	856 »
Consommation française	14.859 »

Valeur moyenne, base départ usine : 4.900 fr. la tonne.

Rendement actuel

I. — *Quantités vendues directement par l'Importateur et le Producteur :*

a) aux industries utilisatrices.........	14.859 tonnes
b) aux consommateurs	» »
Total..............	14.859 tonnes

d'un prix moyen de 4.900 fr. la tonne.

Total des ventes....................................	Fr. 72.809.100
Taxe du chiffre d'affaires (2 %)......................	1.456.182

II. — *Quantités vendues par le Producteur ou l'Importateur au commerce :*

Quantités vendues ....
d'un prix moyen de :
Total des ventes................................
Néant.
Taxe du chiffre d'affaires (2 %).................

III. — *Quantités vendues par le Commerce à la Consommation :*

Quantités vendues ....
Néant.

Prix de vente :
Prix d'achat ....
Taxe comprise ....
Bénéfice ....

Total........

Total des ventes ....
Taxe du chiffre d'affaires (2 %)................

Rendement éventuel

La taxe unique étant perçue à la sortie de l'usine ou à l'importation, soit un total *ventes* I et II,

	Tonnages	Ventes
I.	14.859	72.809.100
II	»	»

pour récupérer le total de la taxe du *chiffre d'affaires* I, II, III :
= 1.456.182

$$\text{il faut prévoir un taux de } \frac{1.456.182 \times 100}{72.809.100} = 2\ \%$$

4° STEARINE

Importation (Commerce spécial) .... 574 tonnes
Exportation (Commerce spécial)........................ 986 »
Consommation française .... 7.055 »
Valeur moyenne, base départ usine : 5.400 fr. la tonne.

Rendement actuel

I. — *Quantités vendues directement par l'Importateur et le Producteur :*

a) 6.055 tonnes aux industries transformatrices soumises à la taxe unique (Bougies).
Montant des ventes ....Fr. 32.697.000
Taxe du chiffre d'affaires à 2 %.................... Fr. 653.940
(Ces Fr. 653.940 de taxe du chiffre d'affaires seront repris aux bougies. On les retrouve de plus à la ligne 22 du tableau récapitulatif).

b) 1.000 tonnes aux industries utilisatrices non soumises à la taxe unique.
Montant des ventes ....Fr. 5.400.000
Taxe du chiffre d'affaires à 2 %.................... Fr. 108.000
(Voir ligne 20 du tableau récapitulatif).

II. — *Quantités vendues par le Producteur ou l'Importateur au commerce :*

Quantités vendues ....
Néant.
d'un prix moyen de :
Total des ventes ....

$$\frac{\text{Taxe du chiffre d'affaires} \times 2}{100} = \dots\dots\dots\dots$$

III. — *Quantités vendues par le Commerce à la Consommation :*

Quantités vendues ....
Néant.
Prix de vente :
Prix d'achat ....
Taxe comprise ....
Bénéfice ....

Total........

Total des ventes ....
Chiffre d'affaires ....

Rendement éventuel

La taxe unique étant perçue à la sortie de l'usine ou à l'importation, soit sur le total des ventes I, paragraphe *b*), 1.000 tonnes, Fr. 5.400.000 pour récupérer la taxe du chiffre d'affaires de ce même paragraphe, Fr. 108.000, il faut prévoir un taux de :

$$\frac{108.000 \times 100}{5.400.000} = 2\ \%$$

5° BOUGIE

Importation (Commerce spécial) .... néant
Exportation (Commerce spécial) .... 1.265 tonnes
Consommation française .... 10.333 »
Valeur moyenne, base départ usine : 8.880 fr. la tonne.

Rendement actuel

I. — *Quantités vendues directement par l'Importateur et le Producteur :*

Néant.

a) aux industries transformatrices ....
b) aux consommateurs .... »

Total........

d'un prix moyen de :
Total des ventes ....
Taxe du chiffre d'affaires (2 %)..........................

II. — *Quantités vendues par le Producteur au commerce :*

Quantités vendues .... 10.333 tonnes
dont un tiers est facturé au prix nu, usine départ,

Soit 3.444 tonnes à Fr...................... 8.880 Fr. 30.582.700

et deux tiers facturés pour livraison des dépôts des fabricants en France, c'est-à-dire transport compris,
soit 6.889 tonnes à Fr........................ 9.200 Fr. 63.378.800

Total des Ventes .... Fr. 93.961.500

Taxe du chiffre d'affaires à 2 % : Fr. 1.879.230.

III — *Quantités vendues par le Commerce à la Consommation :*

Quantité totale : 10.333 tonnes, dont :

a) 30 % vendu directement du Commerce à la Consommation (Sociétés à succursales multiples, grosses épice-

ries, etc...), soit .... 3.100 tonnes
au prix de vente de........... Fr. 10.000 la tonne

Total des ventes.................... Fr. 31.000.000

Taxe sur le chiffre d'affaires 2 %.................... Fr. 620.000

b) 70 % vendu du Commerce de gros au Commerce de détail, soit .... 7.233 tonnes
au prix de vente de............ Fr. 9.200 la tonne

Total des ventes.................... Fr. 66.543.600

Taxe sur le chiffre d'affaires 2 %.................... Fr. 1.330.872

Ces 7.233 tonnes sont revendues par le Commerce de détail à la Consommation à un prix de vente de : Fr. 10.000 la tonne.

Total de ces ventes.................. Fr. 72.330.000

Taxe sur le chiffre d'affaires à 2 %.................. Fr. 1.446.600

TOTAL du chiffre d'affaires du Paragraphe III.... Fr. 3.397.472

RENDEMENT ÉVENTUEL

La Taxe unique est perçue lors des ventes effectuées par le fabricant, soit aux industries utilisatrices, non soumises à la taxe unique, soit au Commerce, soit directement à la Consommation ; le tout faisant, au total, un tonnage de 10.333 tonnes.

Sur ce tonnage, un tiers est facturé au prix nu, usine départ, et deux tiers sont facturés pour livraison des dépôt du fabricant en France, c'est-à-dire transport compris.

La Taxe unique sera donc perçue sur les ventes ci-après :

3.444 tonnes à Fr.	8.880	Fr.	30.582.720
6.889 » à Fr.	9.200	Fr.	63.378.800
10.333 tonnes, montant total des ventes		Fr.	93.961.520

Pour récupérer la taxe du chiffre d'affaires ci-après :

I paragraphe *a*) de la Stéarinerie	Fr.	653.940
I des Bougies	»	—
II »	»	1.879.230
III »	»	3.397.472
		5.930.642

il faut prévoir un taux de :

$$\frac{5.930.642 \times 100}{93.961.520} = 6,31\ \%$$

6° MARGARINERIE

Production française en 1929	41.000 tonnes
dont à l'exportation environ	3.000 »
Consommation française	38.000 tonnes

Rendement actuel

I. — *Quantités vendues directement par le Producteur aux industries utilisatrices :*

Biscuiteries, 5.000 t. ; pâtisseries, 13.000 t. ; total, 18.000 tonnes.
Prix moyen de vente : 7.500 fr. la tonne.

Total des ventes	Fr.	135.000.000
Taxe du chiffre d'affaires (0,55 %)	Fr.	742.500

II. — *Quantités vendues par le Producteur au Commerce :*

1° 2.000 tonnes Margarine de pâtisserie à 7.000 francs la tonne	Fr.	14.000.000
2° 18.000 tonnes Margarine de table, à 9.000 francs la tonne	»	162.000.000
Montant des ventes	Fr.	176.000.000
Taxe du chiffre d'affaires (0,55 %)	Fr.	968.000

III. *Quantités vendues par le Commerce à la Consommation :*

1° Directement du Commerce à la Consommation (Sociétés à succursales multiples, grosses épiceries etc...) :

13.500 tonnes Margarine de table à 11.500 francs la tonne .... Fr. 155.250.000

Taxe du chiffre d'affaires (0,55 %)	Fr.	853.875

2° Du Commerce de gros à la pâtisserie :
2.000 tonnes Margarine de pâtisserie à 7.500 francs la tonne .... Fr. 15.000.000

Taxe du chiffre d'affaires (0,55 %)	Fr.	82.500

3° Du Commerce de gros au Commerce de détail :
4.500 tonnes Margarine de table à 10.500 francs la tonne .... Fr. 47.250.000

Taxe du chiffre d'affaires (0,55 %)	Fr.	259.875

Ces 4.500 tonnes sont revendues du Commerce de détail à la Consommation à 11.500 francs la tonne .... Fr. 51.750.000

Taxe du chiffre d'affaires (0,55 %)	Fr.	284.625
Total taxe chiffre d'affaires du Paragraphe III.	Fr.	1.480.875

Rendement éventuel.

La taxe à l'origine étant perçue à la sortie de l'usine, soit sur le montant des ventes ci-après :

	Tonnage	Ventes
	—	—
I	18.000 t.	135.000.000
II (1° et 2°)	20.000 t.	176.000.000
	38.000 t.	311.000.000

pour récupérer la taxe du chiffre d'affaires ci-après :

I paragraphe *a*) seconde ligne, de l'Huilerie	Fr.	110.000
I de la Margarinerie	Fr.	742.500
II de la Margarinerie	Fr.	968.000
III de la Margarinerie	Fr.	1.480.875
	Fr.	3.301.375

il faut prévoir un taux de :

$$\frac{3.301.375 \times 100}{311.000.000} = 1,06\ \%$$

7° GRAINES OLEAGINEUSES

consommées sous forme de graines

Consommation française : 5.000 tonnes.
Valeur moyenne, départ magasin : 1.800 francs la tonne.

Rendement actuel

I. *Quantités vendues directement par l'Importateur à la Consommation :*

à Fr. 1.800 la tonne, total des ventes	Fr.	5.400.000
Taxe du chiffre d'affaires à 2 %	»	108.000

II. *Quantités vendues par l'Importateur au Commerce :*

Quantité vendue : 2.000 tonnes.

à Fr. 1.800 la tonne, total des ventes	Fr.	3.600.000
Taxe du chiffre d'affaires à 2 %	»	72.000

III. *Quantités vendues par le Commerce à la Consommation :*

Quantité vendue : 2.000 tonnes.

à Fr. 2.500 la tonne, total des ventes	Fr.	5.000.000
Taxe du chiffre d'affaires à 2 %	»	100.000

Rendement éventuel

La taxe à l'origine étant perçue à la sortie de l'usine ou importation, soit un total de ventes :

I	3.000 t.	5.400.000
II	2.000 t.	3.600.000
	5.000 t.	9.000.000

Pour récupérer le total de la taxe du chiffre d'affaires :

I	Fr.	108.000
II	Fr.	72.000
III	Fr.	100.000
	Fr.	280.000

il faut prévoir un taux de :

$$\frac{280.000 \times 100}{9.000.000} = 3,11\ \%$$

TAXE D'IMPORTATION

Rendement actuel

La Taxe unique sur les Corps gras devant remplacer non seulement la Taxe sur le chiffre d'affaires, mais aussi la Taxe d'importation sans quoi la Taxe unique serait sans objet, il y a lieu d'établir le compte du rendement actuel de la taxe d'importation.

Nous établirons ce compte, en prenant pour base les quantités de matières grasses importées en 1929, déduction faite des quantités exportées provenant du régime de la soumission cautionnée.

Désignation	Importations en tonnes (1)	Valeur en francs (1)
Graines oléagineuses	969.987	2.081.150.000
Huiles d'olive (lampantes et comestibles)	22.365	140.198.000
Huile de palme	8.592	29.744.000
Huiles fixes pures	31.946	120.782.000
Margarine, huile de baleine, graisses végétales, suifs, acide oleïque, savons, bougies et divers	41.311	173.170.000
		2.545.044.000

(1) Tonnages et valeurs d'après les Douanes (1929).

Désignation	Exportations en tonnes (1)	Valeur en francs (1)
Graines oléagineuses	7.517	15.016.000
Huiles fixes pures	69.605	363.372.000
		378.388.000

Récapitulation :

Importations	2.545.044.000
Exportations	378.388.000
Différence	2.166.656.000

Montant de la taxe d'importation à 2 % .... Fr. 43.333.120

(1) Tonnages et valeurs d'après les Douanes (1929).

Nous récapitulons par le tableau ci-après l'incidence pour chaque industrie du montant de la taxe sur le chiffre d'affaires et de la taxe d'importation sur le montant des ventes de cette industrie qui seront soumises à la taxe unique

INDUSTRIES	*Taxe sur le chiffre d'affaires*				*Importations*			RECAPITULATION	
	Tonnage	Montant des Ventes acquittant la Taxe Unique	Taxe actuelle sur chiffre d'affaires à récupérer	Incidence	Montant	Taxe à 2 %	Incidence sur le montant des Ventes soumises à la Taxe Unique	Rappel de l'incidence de la Taxe du Chiffre d'affaires	Incidence totale
	—	—	—	—	—	—	—	—	—
Huilerie	200.567	1.048.319.400	14.907.750	1,42 %	1.123.954.000	22.479.080	2,14 %	1,42 %	3,56 %
Savonnerie ..	250.000	933.333.400	47.216.400	5,06 %	838.357.000	16.767.140	1,80 %	5,06 %	6,86 %
Oléine	14.859	72.809.100	1.456.200	2,00 %	48.536.000	970.720	1,33 %	2,00 %	3,33 %
Stéarine	1.000	5.400.000	108.000	2,00 %	3.303.000	66.060	1,22 %	2,00 %	3,22 %
Bougies	10.333	93.961.500	5.930.650	6,31 %	19.289.000	385.780	0,41 %	6,31 %	6,72 %
Margarinerie.	38.000	311.000.000	3.301.400	1,06 %	124.467.000	2.489.340	0,80 %	1,06 %	1,86 %
Graines oléagineuses.... (Consommées sous forme de graines (arachides).	5.000	9.000.000	280.000	3,11 %	8.750.000	175.000	1,94 %	3,11 %	5,05 %
		2.473.823.400	73.200.400		2.166.656.000	43.333.120			

Produit actuel de la taxe sur le chiffre d'affaires...... Fr. 73.200.400
Produit actuel de la taxe d'importation................ » 43.333.100

Total à récupérer par la taxe unique............ Fr. 116.533.500

TAUX PROPOSÉS POUR LA TAXE UNIQUE :

Industries	taux	total des ventes	Produit de la taxe unique
—	—	—	—
Huilerie	3,70 %	848.319.400	31.387.800
Savonnerie	6,80 %	933.333.400	63.466.650
Oléine	4 %	72.809.100	2.912.350
Stéarine	4 %	5.400.000	216.000
Bougies	6,80 %	93.961.500	6.389.400
Huiles de Coco raffinées	2,90 %	200.000.000	5.800.000
Margarinerie	1,90 %	311.000.000	5.909.000
Graines oléagineuses consommées sous forme de graines	5 %	9.000.000	450.000
		2.473.823.400	116.531.200

Le taux de la taxe unique devra donc être :

de 6,80 % pour la Savonnerie et les Bougies ;
de 4 % pour l'Oléine et la Stéarine ;
de 3,70 % pour l'Huilerie ;
de 2.90 pour les huiles de Coco raffinées ;
de 1,90 % pour la Margarinerie ;
et de 5 % pour les graines oléagineuses consommées sous forme de graines.

ANNEXES

ANNEXE N° 1

EXPLICATION ET DÉTAIL DES IMPORTATIONS ET EXPORTATIONS FIGURANT AU DÉBUT

Huile importée sous forme de graines		396.049 tonnes
Huiles importées		62.903 »
Huiles importées sous forme de graisses		37.325 »
		496.277 tonnes
Huiles exportées sous forme de graines	2.523	
Huiles exportées	75.661	
Huiles exportées sous forme de graisses	18.886	97.070 tonnes
Consommation française		399.207 tonnes

Détail des Huiles importées sous forme de Graines

Nature	Tonnage de graines	Rendement en Huile	Tonnage d'Huile
Arachides en coques........	309.463 tonnes	30 %	92.840 tonnes
Arachides décortiquées	365.260 »	40 %	146.104 »
Niger, ravisons	2.041 »	30 %	612 »
Cotons	3.923 »	18 %	706 »
Chènevis	5.732 »	30 %	1.720 »
Sésames	4.202 »	42 %	1.765 »
Colzas, moutarde	13.725 »	35 %	4.804 »
Coprahs	191.024 »	63 %	120.345 »
Palmistes	11.406 »	45 %	5.133 »
Ricins	25.471 »	42 %	10.698 »
Autres graines	37.741 »	30 %	11.322 »
	969.988 tonnes		396.049 tonnes

Détail des Huiles importées

Huiles d'olive	22.365 tonnes
» de palme	8.592 »
» de touloucouna, illipé et palmist.	699 »
» de coprahs	4.823 »
» de ricin et pulghères..........	396 »
» de coton	3.991 »
» de sésames	38 »
» d'arachides	6.568 »
» de colza	160 »
» de navettes	3 »
» de soja	7.749 »
» de maïs	387 »
» de tournesol	124 »
» autres	237 »
» ayant subi l'hydrogénation.....	6.771 »
	62.903 tonnes

Détail des Huiles importées sous forme de Graisses

Suifs	6.841 tonnes
Oléo-margarine, Margarine, graisse alimentaire et substances similaires....	6.072 »
Graisses de poissons................	14.384 »
Graisses végétales.................	1.076 »
Acide oléique.....................	8.377 »
Acide stéarique....................	575 »
	37.325 tonnes

Détail des Huiles exportées sous forme de Graines

Nature	Tonnage de graines	Rendement en Huile	Tonnage d'Huile
—	—	—	—
Arachides en coques........	3.708 tonnes	30 %	1.112 tonnes
Arachides décortiquées	294 »	40 %	117 »
Niger, ravisons	13 »	30 %	4 »
Cotons....................	10 »	18 %	2 »
Chènevis	424 »	30 %	127 »
Sésames....................	442 »	42 %	186 »
Colzas, Moutarde...........	734 »	35 %	257 »
Coprahs....................	285 »	63 %	180 »
Palmistes	270 »	45 %	121 »
Ricins	4 »	42 %	17 »
Autres graines	1.333 »	30 %	400 »
	7.517 tonnes		2.523 tonnes

Détail des Huiles Exportées

Huile d'olive	6.484 tonnes
» de palme	194 »
» de touloucouna, illipé et palmistes	2.980 »
» de Coprahs....................	14.977 »
» de Ricins et pulghères	3.699 »
» de coton	24 »
» de sésames	2.366 »
» d'arachides...................	42.450 »
» de colzas	397 »
» de navettes	8 »
» de soja	170 »
» de maïs	30 »
» de tournesol	31 »
» autres	1.799 »
» ayant subi l'hydrogénation	52 »
	75.661 tonnes

Détail des Huiles Exportées sous forme de Graisses

Suifs	11.615 tonnes
Oléo-margarine, Margarine, graisse alimentaire et substances similaires....	2.069 »
Graisses de poissons................	300 »
Graisses végétales	3.059 »
Acide oléique	856 »
Acide stéarique	987 »
	18.886 tonnes

ANNEXE N° 2

TONNAGE ET VALEUR, D'APRÈS LES DOUANES (1929), DES IMPORTATIONS DE MATIÈRES GRASSES A SOUMETTRE A LA TAXE UNIQUE

N° du tarif douanier	Nomenclature	Commerce spécial 1929 Importations — Tonnage (en tonnes)	Valeur (en milliers de francs)
88 (1)	Arachides en cosses	309.463	539.838
	Arachides décortiquées	365.259	810.354
	Graines de Niger	1.299	2.411
	» de Soja	1.723	2.370
	» de ravison	742	1.364
	» de Coton	3.923	4.724
	» de Chènevis	5.732	10.584
	» de Sésames	4.202	10.779
	» de Moutarde et Colzas des Indes	13.726	30.520
	» de Colza d'Europe..	926	2.158
	» de Navettes	336	526
	» de faines..........	6	38
	Amandes desséchées de Coco (Coprah)	191.023	505.289
	» de palmistes	11.406	26.099
	Graines de Touloucouna, Mowra et illipé....	5.238	17.144
	» de ricin	25.471	52.064
	Autres graines	29.512	64.888
		969.987	2.081.150
110	Huiles fixes pures : d'olive..	22.365	140.198
	» de palme	8.592	29.744
110 (2)	Huiles fixes pures :		
	» de touloucouna, d'illipé et de palmistes.	699	2.377
	» de Coprah ou de Coco.	4.823	17.022
	» de ricin et pulghère.	396	1.765
	» de coton..........	3.991	16.154
	A reporter........	9.909	37.318

(1) A l'exception des graines de lin et de pavot.

(2) A l'exception des huiles de lin, de pavot, de bois de Chine.

N° du tarif douanier	Nomenclature	Commerce spécial 1929 Importations Tonnage (en tonnes)	Valeur (en milliers de francs)
—	—	—	—
	Report..........	9.909	37.318
	Huiles de Sésames........	38	153
	» d'arachides	6.568	22.935
	» de colza	160	574
	» de navette	3	19
	» de soja	7.749	26.301
	» de maïs	387	1.589
	» de tournesol	124	455
	» autres	237	1.592
	» ayant subi l'hydro- » génation.........	6.771	29.846
		31.946	120.782
30 (1)	Suifs	6.841	29.818
31	Oléo-margarine non émulsionnée, margarine, graisses alimentaires et substances similaires	6.072	39.193
51	Graisses de poissons.......	14.384	42.148
111 *bis*	Graisses végétales	1.076	5.717
0217 0218	Acide oléique	8.377	32.404
0219	Acide stéarique	575	3.332
311	Savons de parfumerie......	108	1.673
312	Savons autres que ceux de parfumerie	3.870	18.757
321	Bougies de toutes sortes...	8	128
323	Chandelles	»	»
		41.311	173.170

(1) A l'exception des saindoux, huiles de saindoux et graisses de suint.

Société Anonyme du Sémaphore de Marseille, 17-19, Rue Venture

TABLEAU RÉCAPITULATIF GÉNÉRAL

Industries	N° des lignes	Opérations	Chiffre d'affaires – Tonnage	Chiffre d'affaires – Valeur	Chiffre d'affaires – Taux	Chiffre d'affaires – Taxe	Taxe totale par industrie	Importations – Tonnage	Importations – Valeur	Importations – Taux	Importations – Taxe	Opérations destinées à supporter la taxe unique – Tonnage	Opérations destinées à supporter la taxe unique – Valeur	Valeur totale par industrie
	1	Vente du fabricant à industries non soumises à taxe unique	30.000	150.000.000	2 %	3.000.000	—		—	—		30.000	150.000.000	1.048.319.400
	2	Vente du fabricant au commerce	170.567	898.319.400	0,55 %	4.940.750	—					170.567	898.319.400	
		Vente du commerce à la consommation :												
	3	directement	68.227	423.007.400	0,55 %	2.326.541	—			—		—		
Huilerie	4	du commerce de gros au commerce de détail	25.585	139.438.250	0,55 %	766.910	—							
	5	et revente du commerce de détail à la consommation	25.585	158.627.000	0,55 %	872.448	—					—		—
	6	du producteur au commerce de détail par l'entremise des commissionnaires (sur commissions)	76.755	19.188.750	2 %	383.775	—		—			—		—
	7	et revente du commerce de détail à la consommation	76.755	475.881.000	0,55 %	2.617.345	—	—	—	—		—		—
						14.907.769	14.907.750							
	8	Importations							1.123.954.000	2 %	22.479.080		—	
	9	Vente de l'Huilerie à la Savonnerie	110.000	550.000.000	0,40 %	2.200.000	—	—	—			—		—
	10	Vente du fabricant à industries non soumises à taxe unique	11.000	39.600.000	2 %	792.000	—		—			11.000	933.333.400	933.333.400
	11	Vente du fabricant au commerce	239.000	893.733.400	2 %	17.874.700	—		—			239.000		
		Vente du commerce à la consommation :												
	12	directement	95.600	458.880.000	2 %	9.177.600	—	—		—	—	—	—	—
Savonnerie	13	du commerce de gros au commerce de détail	35.850	143.400.000	2 %	2.868.000				—	—	—		
	14	et revente du commerce de détail à la consommation	35.850	172.080.000	2 %	3.441.600		—				—		
	15	du producteur au commerce de détail par l'entremise de commissionnaires (sur commissions)	107.550	26.887.500	2 %	537.750	—			—	—	—		
	16	et revente du commerce de détail à la consommation	107.550	516.240.000	2 %	10.324.800		—		—				
						47.216.450	47.216.400							
	17	Importations							838.357.000	2 %	16.767.140	—		
Oléine	18	Vente du fabricant à industries non soumises à taxe unique	14.850	72.809.100	2 %	1.456.182	1.456.200	—			—	14.850	72.809.100	72.809.100
	19	Importations							48.536.000	2 %	970.720			
Stéarine	20	Vente du fabricant à industries non soumises à taxe unique	1.000	5.400.000	2 %	108.000	108.000		—	—		1.000	5.400.000	5.400.000
	21	Importations							3.303.000	2 %	66.060			
	22	Vente de la Stéarinerie aux Bougies	6.055	32.697.000	2 %	653.940	—	—	—	—		—		—
	23	Vente du fabricant au commerce	10.333	93.961.500	2 %	1.879.230			—	—	—	10.333	93.961.500	93.961.500
		Vente du commerce à la consommation :												
Bougies	24	directement	3.100	31.000.000	2 %	620.000	—		—	—	—		—	—
	25	du commerce de gros au commerce de détail	7.233	66.543.600	2 %	1.330.872			—	—	—			
	26	et revente du commerce de détail à la consommation	7.233	72.330.000	2 %	1.446.600		—			—			—
						5.930.642	5.930.650	—						
	27	Importations							19.289.000	2 %	385.780	—	—	—
	28	Vente de l'Huilerie à la Margarinerie	8.000	40.000.000	0,275 %	110.000	—	—						—
	29	Vente du fabricant aux industries non soumises à taxe unique	18.000	135.000.000	0,55 %	742.500	—	—				18.000	135.000.000	311.000.000
	30	Vente du fabricant au commerce	20.000	176.000.000	0,55 %	968.000	—	—				20.000	176.000.000	
		Vente du commerce à la consommation :												
Margarinerie	31	directement	13.500	155.250.000	0,55 %	853.875	—							
	32	aux industries non soumises à taxe unique	2.000	15.000.000	0,55 %	82.500	—			—				
	33	du commerce de gros au commerce de détail	4.500	47.250.000	0,55 %	259.875	—			—	—	—		
	34	et revente du commerce de détail à la consommation	4.500	51.750.000	0,55 %	284.625		—		—	—	—		
						3.301.375	3.301.400							
	35	Importations							124.467.000	2 %	2.489.340		—	—
	36	Vente de l'importateur à la consommation	3.000	5.400.000	2 %	108.000				—		3.000	5.400.000	9.000.000
Graines oléagineuses consommées sous forme de graines	37	Vente de l'importateur au commerce	2.000	3.600.000	2 %	72.000	—			—		2.000	3.600.000	
	38	et revente du commerce à la consommation	2.000	5.000.000	2 %	100.000	—	—						
						280.000	280.000							
	39	Importations							8.750.000	2 %	175.000	—		
		Totaux					73.200.400		2.166.656.000		43.333.120			2.173.823.400

www.ingramcontent.com/pod-product-compliance
Ingram Content Group UK Ltd.
Pitfield, Milton Keynes, MK11 3LW, UK
UKHW022155260726
13993UKWH00005B/2385

9 782329 202983